Afrika. Mehr als nur ein Kontinent

FRANZ SOMMERER

Afrika.
Mehr als nur ein Kontinent

Bibliografische Information der Deutschen Nationalbibliothek
Die Deutsche Nationalbibliothek verzeichnet diese Publikation in
der Deutschen Nationalbibliografie; detaillierte bibliografische Daten
sind im Internet über http://dnb.dnb.de abrufbar.

© 2015 Franz Sommerer

Satz, Umschlaggestaltung, Herstellung und Verlag: BoD – Books on Demand

ISBN 978-3-7392-9759-0

Sterbendes Land ist uns beschieden.
Sterbendes Land, das keiner will.
Die Erde könnte uns so vieles geben,
doch die Menschen bleiben still.
Verharren stumm der Hoffnung,
Zeit zu geben.
Was könnte nicht alles sein,
würde es noch Leben geben.

Was veranlasst Menschen außerhalb dieses mächtigen Kontinentes, dorthin zu reisen?

Allein das Wort Afrika? Was erhoffen sie gerade dort zu erleben, sobald sie sich zu einer Reise in diesen doch sonst so fremden Teil der Erde entschließen? Wohlbehütete Ausflüge, sogenannte Safaris. Zu den wilden Tieren, die sie anderenorts kaum aus nächster Nähe und wenn dann doch nur hinter Gittern oder hohen Mauern betrachten dürfen? Dort aber, in heimischen Gefilden, fast schon mit ihnen in Kontakt treten zu können? Wer garantiert für ihre Sicherheit? Doch wieder nur die dort lebenden Menschen. Was bringen sie diesen Menschen entgegen? Ihre ureigenen Wünsche und Sehnsüchte, so ein wildes Tier wenn nicht gar streicheln zu können?

Mit welchen Vorstellungen treten sie so eine Safari an? Nach Möglichkeit in Erwartung, auch dort den altgewohnten Wohlstand fortsetzen zu können. Das Bemühen ist vorhanden, gepaart mit dem Eifer, diesen Fremden alles recht zu machen. Wie viel Aufwand hierfür nötig bleibt, rechtfertigt jeder mit der Begründung, er gibt doch auch dafür. Damit sollte es doch möglich sein. Möglich ja. Nur zu leicht wird übersehen, welche weiten Wege Mensch und Material zurücklegen müssen, um das Gewünschte zu gewährleisten. Löwen, Tiger und sonstiges Getier in der Savanne, Flusspferde in den wenigen Flüssen, die den

Kontinent durchqueren, doch auch einmal hautnah erleben zu dürfen.

Das alles mag angehen. Doch welches Interesse hegt ein Mensch an dem, was Afrika eigentlich ausmacht?

Die Reichhaltigkeit seiner Kulturen. Ihre Lebensgewohnheiten. Zumeist sind diese naturbedingt. Doch hierzu müssten sie sich in die Niederungen begeben. In Gebiete reisen, die kaum einer zu sehen gedenkt. Was würden sie auch schon vorfinden. Flusspferde im Wasser? Dies wäre ein Segen für abertausende Menschen, und nicht nur für sie! Was finden sie in Wahrheit vor? Ausgetrocknete Erde, in der sich kein Grashalm mehr findet. Verweigert sich der Regen, bleibt der Hunger ihr ständiger Begleiter. Wer strebt auch schon an, so etwas anzusehen.

Verwunderung ruft es dennoch in vielen Teilen außerhalb Afrikas hervor. Fragen werden aufgeworfen. Was geschieht mit dem doch Bereitgestellten? Begleitet denn nicht jede Münze, die für diesen Kontinent bereitgelegt wird, das Wort Hoffnung? Nur mit jedem Schritt, den sie zurücklegt, schwindet diese Hoffnung. Bis sie sich in ein Nichts auflöst. Zu viele offene Hände strecken sich ihr entgegen. Wofür reicht der Rest dann noch aus? Verschwindend klein nimmt sich das noch aus, was doch eigentlich zur Verbesserung ihres Daseins gedacht war. Wer nimmt Anteil daran? Ist unsere Welt schon so mit Übersättigten übersät, dass sie nichts anderen mehr bedürfen? Glauben sie wahrhaftig, damit ließe sich ein Kontinent von der Größe Afrikas leicht ernähren? Überlegungen, dies zu ändern, gibt es zuhauf. Was sich aber als hinderlich in den Weg stellt, es darf gewisse Grenzen nicht überschreiten. Wo sind solche angebracht? Unterliegt hier nicht Betreffendes dem Augenblicklichen? Weite Voraussicht, wem ist diese gegeben?

Fragen über Fragen türmen sich erneut auf. Warum werden diese gestellt? Liegt denn nicht allem, was gegeben, die Antwort mit bei? Wichtiges mag damit verbunden sein, und ist auch willkommen. Doch wo anbringen? Vielleicht empfinden es die Geber als Überforderung, wenn das Dazugehörige ebenso parat zu stehen hat.

Wer glaubt sich hier mehr überfordert? Die Geber oder die Empfänger? Doch wohl die Letzteren. Sichtbares, wenngleich auch nur Erfolge der kleinen Schritte, wird gerne vorgezeigt. Oasen gleich in einer Weite, die kaum erfassbar bleibt. Bekümmert es jemanden, falls sich solches auf ihrem Weg zeigt? Wie viele solcher Oasen lassen sich finden? Tagesmärsche müssen Rinderherden zurücklegen, um wieder ein Fleckchen Grün unter die Hufe zu bekommen.

Das Grün muss zu den Menschen kommen, damit die Rinder ausreichend gesättigt werden können und nicht sich der Mensch unter Gefahren auf die Suche begeben muss, ein paar spärliche Halme zu finden. Nicht selten ziehen Herden der Steppentiere aus dem gleichen Grund über das Land. Was bleibt da noch für die später Einkehrenden? Des Menschen Nahrung bleibt dann wieder außen vor.

Nicht nur das, was Ertrag verspricht alleine, sollte in den Vordergrund gerückt werden. Dort beginnen, wo sich kaum ein Mensch hinwagt. Land, das zu meiden er sucht. Obgleich sich auch dort fruchtbare Erde befindet.

Nur ist diese als solche nicht erkennbar. Ausgedorrt, breite Risse im Boden. Sie, die ohnehin nichts haben, werden so gezwungen weiterzuziehen. Nur wohin? Brunnen graben in einem ausgetrockneten Boden? Wie tief müssten sie schürfen, um auf Grundwasser zu stoßen? Wie lange reicht es dann? Jeder Brunnen wird hier zu einem Glücksspiel. Wäre es denn nicht sinnvoller, anderweitig Lösungen zu suchen, und dann auch zu finden?

Doch solange sich dies niemand zur obersten Priorität setzt, kann es keine Veränderungen zum Besseren hin geben. Veränderungen, deren sie dringender als je zuvor bedürfen. Was scheuen jene, die es möglich machen könnten? Der Armut nicht schnell genug Herr zu werden? Sicher trifft es zu, wo etwas bereitsteht, strömen auch Menschen herbei. Doch dies alles darf keine Entschuldigung sein. Es soll die Menschen beflügeln, die Erde zu bepflanzen, und mithelfen, um daran teilzuhaben. Eine Landflucht, ganz gleich in welche Richtung, lässt sich dadurch zwar nicht verhindern, sie bietet aber auch zugleich einigen wenigen eine Bleibe zu schaffen. Der Hauptteil jedoch wird seine Wanderung fortsetzen müssen. Sind es denn nicht gerade diese kleinen Parzellen, die anderen Mut machen? Was fehlt, ist das passende Gerüst, und jene, die es ihnen zeigen, wie damit umzugehen. Eifer und Fleiß besitzen diese Menschen im Übermaß. Es wird nur nicht abgefordert. Viele Länder dieses Kontinentes könnten nach kurzer Zeit selbst Hand anlegen und wären so auf fremde Hilfe nicht mehr angewiesen.

Einen Schwachpunkt beinhaltet es dennoch. Das Ausarten in ein Uferloses einzelner Geier muss unterbunden werden. Afrika ist reich an Bodenschätzen. Nur, wohin fließt das daraus Erzielte? Doch nur weiterhin in schon übervolle Taschen. Was schert sie die Landflucht. Dort, wo sie ihre Zelte aufschlagen, herrscht stetig eitel Sonnenschein. Sonnenschein, der anderswo die Pflanzen verdorren lässt.

Ist dies denn nicht die gleiche Sonne? Die Bessergestellten empfinden die Sonne als angenehm. Während sie für andere zum Fluch wird. Zwei Welten begegnen sich hier auf engstem Raum. Wer aber sättigt die Hungernden? Sie bleiben weiterhin auf sich alleine gestellt. Ist ihnen das Glück schon einmal hold und sie finden

Anschluss an den Strom Flüchtender, so ziehen sie mit der Masse weiter. Alles, nur nicht zurückbleiben. Dies wäre der sichere Tod.

Scheue Blicke werfen sie gen Himmel. Was befürchten sie zu sehen? Die Sonne verdunkelt sich nicht. Somit ist auch kein Regen zu erwarten. Schwarze Vögel? Säumen diese erst einmal ihren Weg, verheißt es nichts Gutes. Nur jetzt nicht daran denken. Wer weiß schon, welch weiter Weg noch vor ihnen liegt. Hinzu kommt, haben sie dann das Ziel erreicht, was wird sie erwarten? Wohl kaum eine freudige Ansammlung von Menschen. Wer sich dort einfindet, dessen Schicksal ist als Gestrandeter längst schon besiegelt. Vorübergehen? Wie lange vermögen sie diesen Marsch noch fortzusetzen? Doch nur, bis sie irgendwo am Rande zusammenbrechen. Wer es dennoch geschafft hat, dort Einzug zu halten, wo Menschen geschäftig hin und her hasten, wo es eine Fülle zu erwarten gibt, hier wird es ihnen knallhart vor die Füße geworfen. Gebe etwas von dir, so bekommst du auch etwas von mir. Was sollte er geben? Wer nichts hat, vermag auch nichts zu geben.

Dass sie rein gar nichts vorzuweisen hätten, trifft so auch nicht zu. Nur mit dem, was sie anzubieten haben, lässt sich kaum etwas Vernünftiges bewerkstelligen. Zumindest nicht sofort. Abgetragen die Kleidung, zum Teil verschlissen. Leer der Magen, dem seit Tagen nichts mehr zugeführt wurde. Abgemagert der Körper. Verloren die Kraft, mit der es noch möglich gewesen wäre, ihren Lebensunterhalt selbst zu verdienen. Darüber hinaus werden sie dann auch noch als verwahrloste Hungerleider zu nichts mehr tauglich angefeindet. Wenn nicht gar davongejagt.

Wozu haben sie dann diese Strapazen auf sich genommen? Nur um von einem Elend in das andere abzudriften? Dies will dann doch keiner auf sich sitzen lassen.

Sich anbiedern und möge es auch nur für ein Stück Brot sein. Doch wo viele Menschen ihrer Herkunft zusammenströmen, ist noch nicht einmal das mehr vorhanden. Dunkler könnte ihre Zukunft nicht mehr aussehen. Jeder zwingt sich hier selbst zur Ruhe. In Bescheidenheit ausharren. Bleibt auch nicht jeder Ruf ohne Echo, es ist nur zu wenig, was zurückkommt. Es sind eben zu viele.

Gedanklich treten sie schon einen Weg in fremde Gefilde an. Es kann doch nicht so unermesslich weit sein, und ausgebreitete Hände strecken sich, um zu geben, ihnen entgegen. Begeben sie sich aber dann auf diesen Weg, um ihr Wunschdenken Realität werden zu lassen, erfährt ihre Zuversicht einen herben Schlag nach dem anderen.

Nicht alleine, dass der Weg schier kein Ende nehmen will, was sie härter trifft, die erhofften Hände zeigen sich nicht. Geschieht dies, nur die Geste, mit der sie das vollziehen, bedeutet anderes. Es ist kein Willkommensgruß wie erwartet. Abweisung haben diese Gesten zum Ziel. Was wollen sie gerade hier? Gibt es schon einmal Wohlwollen, wozu sind sie noch brauchbar? Haben sie denn nicht schon mit sich selbst genug zu tun? Wie sollen sie da noch stark genug sein, um für andere da zu sein? Noch dazu für jene, über deren Gesinnungsform kaum etwas bekannt ist? Allenfalls aus den Erzählungen der sogenannten Großwildjäger und Safari-Urlauber. Was diese zu berichten haben, deckt sich kaum mit dem Wahren im Lande. Die werden ja auch nicht gefragt. Jene werden gehegt und gepflegt, richtiggehend umsorgt, nur damit sie wiederkommen. Wem und vor allem wie vielen dienen sie damit? Im Endeffekt doch nur einer Handvoll.

Ebenso verhält es sich mit dem, was zur Schau gestellt wird. Tradition? Das mag schon angehen. Dann aber auch nur, wenn diese ausreichend gerecht wird, und nicht nur, um gesättigten Sensationslüsternen einen kleinen Vorgeschmack mit auf den Heimweg zu geben. Was Afrika eigentlich als solches darzustellen vermag.

Wetteifern nicht nur mit der Tradition. Auch sonst mit allem, was jeder Teil des gesamten Kontinentes in Gemeinschaft zu erbringen imstande ist. Dies würde einen großen Schritt hin in Gesundung dieses mächtigen Erdteiles bedeuten. Wer trägt sich mit solchen

Gedanken? Doch wieder nur die Hungernden. Die Satten hegen kein Interesse daran. Wofür auch. Wer diesen Kontinent verlässt, aus welchen Gründen auch immer, so geschieht dies doch nur auf Zeit.

Kehren sie wahrhaftig wieder zurück, was nehmen sie von dort in ihr angestammtes Zuhause mit? Bezweckt es einen Wandel? Nicht alles, was in anderen Kulturen beheimatet, ist übertragbar. Dessen bedarf es auch nicht. Ziel sollte es sein, überall Fremdes kundzutun. Danach selbst Vergleiche ziehen. Aber niemals das Empfinden anderer in Frage stellen oder gar versuchen zu zerstören. Die Eigenständigkeit erhalten, damit sich diese stärker formieren kann. Glanz und Elend finden sich überall. Zum Unmut führt es nur dann, wenn für die Polierung des Glanzes mehr aufgebracht wird als zur Beseitigung des Elends. Wer beugt schon seinen Rücken und nimmt Strapazen für jene in Kauf, die ohnehin schon mit Überfluss gesegnet sind. Wer will es ihnen verdenken, wenn sich Reihen formieren, die dann zum Widerstand antreten. Vorverurteilungen hat dann jeder rasch zur Hand. Findet eine Globalisierung statt, wäre es von größter Wichtigkeit, bevor sie umgesetzt wird, diese eingehend zu prüfen, um für eventuelle Benachteiligungen vorzubeugen. Nicht immer ist es die Not der Menschen, die sie dazu treibt. Der eigene Unverstand und die Verachtung anderer sind ein ebenso großer Schuldfaktor.

Hier würde schon ausreichen, wenn jene, die glauben und dann auch noch der festen Überzeugung sind, dass nur sie über alles bestimmend verfügen, der Akzeptanz mehr Raum einräumen würden. Doch dies zu tun, verhindert einzig und alleine ihre Ignoranz. Was hofft diese Art Mensch zu erreichen? Tod und Verderben, das sind die Ergebnisse, die sie zurücklassen. Sie reden dann auch noch vom Wohlergehen. Von der Gerechtigkeit. Wie weit ist es bei ihnen damit her? Ungemach und Trauer säumen ihren Weg.

Ist es denn nicht jetzt schon ausreichend, wo mehr als genug versuchen, ihre Zelte anderenorts aufzuschlagen? Das angestrebte Ziel in Scharen nicht einmal erreichen, geschweige denn jemals wieder in ihre Heimat zurückzukehren vermögen? Wer gedenkt dieser Menschen, die ihr Leben opferten für etwas mehr Zufriedenheit? Sie begehren doch keine Reichtümer wie andere, voran die Profiteure. Die sich dann auch noch erdreisten, Fragen zu stellen. Was suchen sie hier? Wir haben sie nicht gerufen.

Hass, menschliche Kälte trieb sie aus ihrem Land. Ein Land, in dem es an Schönheit bestimmt nicht mangelt. Nur davon alleine kann sich niemand ernähren.

Unsere Erde hält Brot für jeden bereit. Doch wer nicht sät, kann auch nicht ernten. Um jedoch die Saat auszubringen, bedarf es der Mithilfe jener, die dann später, wie eben alle, Freude daran haben. Den Rücken zu beugen, davor scheut niemand zurück. Schon gar nicht, wenn das zu Erwartende verspricht zu halten, was es zu geben bereit ist. Ist erst einmal der Ansatz dazu geschafft, und das erste Grün zeigt sich, erfreut es jede Seele. Nur die Hoffnungen hierzu sind verschwindend klein. Wofür sollte dieser Aufwand denn auch schon dienlich sein, wenn es nicht auf lange Sicht angelegt wird. Der Nachhaltigkeit mehr Nachdruck verleihen. Nur so ist Beständigkeit gewährleistet.

Besitzen sie denn nicht ebenso viel an Willenskraft wie jeder andere Mensch dieser Erde auch? Schlecht zu reden ist eben doch einfacher, als den Beginn zu wagen. Obgleich immer Hoffnungen geweckt werden. Vorrangig solche, die sich in diesen Ländern kaum durchsetzen lassen. Diese mögen anderswo und dann auch noch unter anderen Umständen Anwendung finden. Wer glaubt, überall alles hinsetzen zu können, nährt Sehnsüchte, die nur selten und dann auch nur in Ausnahmefällen in Erfüllung gehen. Was bleibt, ist dann Enttäuschung und Resignation.

Verspüren das die Verursacher? Wenn ja, wie nehmen sie es auf? In gewisser Hinsicht beinhaltet ein solches Scheitern von jedem etwas. Dieser Versuch fand zum anderen auf unbekanntem Terrain statt, des Weiteren mit ahnungslosen Menschen. War dies denn nicht schon im Vorfeld hinreichend bekannt? Wie hilfreich ist ein Graben, wenn ihm das Wasser fehlt? Was nützt ein Haus, wenn die Erde, die es umgibt, die Bewohner nicht ernährt?

Erst gilt es das eine zu schaffen, dann ist immer noch Zeit genug, für das andere zu sorgen. Ziel: gerecht vorgehen. Nur das, was dafür geboten, landet zu oft in falschen Händen. Wer zahlt dann den Preis dafür? Würde alles auf breitere Schultern gelegt, und dann auch noch gerecht verteilt, könnte es zu einem tragbaren Gerüst zusammengefügt werden. Fragwürdiges zu befürworten, wird dann auch noch das große Aber hinzugefügt, verheißt es keinen Erfolg. Daran müsste jeder Geber gemessen werden, und nicht an dem, was er bereit ist zu geben. Fehlt die feste Grundlage, verliert alles seinen Sinn. Hier taucht die Frage auf, die dann auch noch zutrifft: Warum?

Jedes Fleckchen dieses Kontinentes hat das zu bieten, was anderen nützlich. Hier ansetzen, gerecht verteilen, damit das mit einhergeht. Auch ein so großer Kontinent wie Afrika ist zum Sterben verurteilt, wenn nicht schon im Lande selbst für seinen Erhalt genügend Sorge getragen wird. Was bleibt dann noch übrig?

Zu einem Strom der Verdammten formieren sie sich. Begeben sich so auf einen langen Weg. Wie viele von ihnen erreichen das gelobte Land, von dem sie sich doch so viel versprochen haben?

Jene, die es geschafft haben, mögen die Gedanken an ihre Heimat noch immer in sich tragen. Nur wen gelüstet es, kehren die Erinnerungen wieder dorthin zurück, was verlassen wurde, unter welchen Umständen und Strapazen es ihnen gelang, das, was sich jetzt bietet, zu erreichen, jemals wieder zurückzukehren? Wird ihnen zugetragen, dass sich ihre alte Heimat verändert hat, und sie fassen doch wieder den Entschluss, dort wieder Einkehr zu halten, dann aber nur für kurze Zeit, um die Sonne dort zu genießen. Darüber hinaus auch nur einen Fuß auf ausgedörrte Felder zu setzen, kommt nicht in Frage. Ein derartiger Anblick würde doch nur alte Wunden, die sich langsam schließen, erneut aufreißen. Die Schritte dorthin lenken, wo sie einem solchen Anblick nicht mehr ausgesetzt werden. Obschon es kaum möglich bleibt, dessen nicht doch ansichtig zu werden. Ebenso ist es unmöglich, das Vergessen vollends einsetzen zu lassen. Ganz gleich welcher Zeitraum ins Land zog und vor allem welchen sie sich selbst setzten, dies zu erreichen. Es kann ihnen nicht gelingen. Es wird sich immer eine Wand zwischen dem, was vergangen, und ihre Träume schieben. Vermeidbar bleibt eine derartige Odyssee aber auch nur dann, wenn alle Kräfte gebündelt werden und Hand in Hand gearbeitet wird. Alles Ungemach trotzig abwehren, um so den Beweis zu erbringen, gemeinsam im Einklang mit der Natur selbst eine ausreichende Grundlage zu schaffen.

Dennoch darf gerade hier die Erwartungshaltung

nicht überstrapaziert werden. Ein Fortschritt lässt sich nur in kleinen Etappen erzielen. Der Mangel an Geduld kann anderweitig ausgeglichen werden. Noch wird davon zu wenig in dieser Richtung in Angriff genommen. Stattdessen werden sie zu Empfängern von Almosen herabdegradiert. Mit welchen Gefühlen sie diese annehmen, wen interessiert dies schon. Lässt es sich nicht anders bewerkstelligen, dann muss es eben so erreicht werden, Hungrige zu stillen. Dass dies aber abseits allen Vernünftigen angesiedelt, wer nimmt das schon richtig zur Kenntnis. Das Einzige, wozu diese, wenngleich auch gut gemeinten Gesten verhelfen, ist die Beruhigung des eigenen Gewissens. Sollte denn nicht doch mehr auf Stolz und Ehre geachtet werden? Welchen Wert verkörpern diese Begriffe noch in ihrem Dasein?

Schwelgen in Selbstherrlichkeit, was ebenso mit dazugehört, wer kann das schon. Die volle Hand reichen? Wenn es zum Aufbau einer eigenen Welt dienlich bleibt, dann aber auch wieder nur mit Abstrichen. Die Bittsteller hingegen werden niemals mehr in diesen Genuss kommen.

Ist dann doch ein derartig angestrebtes Vorgehen verschiedenenorts erfolgreich, was ruft ein solcher Anblick in ihnen hervor? Neid? Verbunden mit der Frage, warum dort und nicht hier? Unverständnis der Benachteiligten, das sich zusehends in Hass verwandelt?

Wieder ist ein neuer Konflikt geboren. Die anfängliche Einstimmigkeit verliert mehr und mehr an Bedeutung. Wut und Empörung ebnen hier Wege, die ein Mensch unter normalen Umständen nicht beschreitet. Doch was ist in solchen Stunden als normal anzusehen? Bestenfalls noch das Warten auf den Regen. Obgleich auch dieser die Eigenschaft in sich trägt, über Jahre hinweg auszubleiben. Vorsorge für solche Zeiten zu treffen? Hierzu fehlen sämtliche Voraussetzungen. Unausweichlich die Folgen, die ein Leben in dieser tristen Welt nach sich zieht. Sofern man von einem Leben überhaupt zu sprechen vermag.

Was zunimmt, ist die Entfremdung untereinander. Unsichtbare Mauern werden errichtet. Niemand darf gewahr werden, was jeder sein Eigen nennen kann. Unterscheidet es sich denn wahrhaftig so gravierend von dem des anderen? Würde es denn dann nicht gerade jenen, die in der glücklichen Lage sind, Besseres vorweisen zu können, gut anstehen, andere, die im Abseits stehen, mit daran teilhaben zu lassen, damit auch sie in die Lage versetzt werden, ihr Dasein erfolgreicher zu gestalten, um so das ihnen Widerfahrene weiterzugeben? Werte austauschen. Nur wer lässt schon in einer solchen Stunde Gedanken dieser Art in sich aufkommen. Wo doch stets der Schatten, dass das, was ihnen jetzt zugedacht, schon bald der Vergangenheit angehören könnte, ihr ständiger Begleiter sein wird.

Wie lange bleibt ihnen das, was sich als ausreichend anbietet, erhalten?

Befällt eine neuerliche Dürre das Land, bleibt wieder nur die Straße ins Ungewisse ihr einziger Ausweg. Die Hoffnung auf Besseres mag die Gedanken nähren, die er zur Ausübung seiner Tätigkeit benötigt. Aber niemals dem Körper die Stärke zuführen, derer er bedarf. Hoffnung auf anderes könnte zum Ausgleich führen, wenn … Hier findet sich das Wort wenn wieder. Wenn nur nicht alles so undurchsichtig wäre. Ideen lassen sich zuhauf vernehmen, wo aber bleibt das Greifbare? Mit Ideen alleine lässt sich nichts Tragfähiges aufbauen. Außer der Aussicht, wenn … Wann erfolgt das Versprochene? Wie viel an Nützlichem beinhaltet es dann?

Es wäre verkraftbar, würden nicht so viele Fragen dagegengestellt. Fragen, auf die jene, für die es bestimmt, noch weniger, die es beabsichtigen, eine Antwort zu geben, sich hierzu in der Lage sehen. Wenngleich jenen, denen diese Mittel zur Verfügung gestellt werden, die Frage »Was beabsichtigst du damit?« leichter zu beantworten fallen müsste. Es muss für alle sichtbar sein, damit gewährleistet bleibt, auch andere in den Stand zu versetzen, ihr Leben selbst in die Hand zu nehmen. Aber auch deren Zusagen, wenn es sich nicht vermeiden lässt, überwachen. Nur wer unterzieht sich schon einer solchen Mühe. Abhaken, was sie getan.

Sich hinter Floskeln verstecken, wenn es schiefgeht, uns trifft keine Schuld. Wir haben gegeben, was uns möglich war.

Wie könnte es auch geschehen, einen derartigen Riesen von einem Kontinent über Nacht in blühende Felder zu verwandeln? Ein Begehren dieser Größe hat auch bislang noch niemand verlauten lassen. Geschweige denn in Angriff genommen. Wenngleich auch sie die Sorge plagt, je länger die Erde brachliegt, umso schwieriger gestaltet sich ihr Neubeginn.

Was nutzen Offerten an Begüterte, sich Land anzueignen, wenn der Gewinn nicht gleich mitgeliefert wird. Warten auf das, was kommt, dazu scheint ihnen ihre Zeit zu kostbar. Wer will auch schon Mittel in den Sand setzen. Obgleich es auch das gibt, wenn dann aber anderenorts. Hier jedoch handelt es sich weder um Sand noch um unfruchtbares Land.

Es ist kostbare Erde, die durch eine längere Bewässerung zum ertragreichen Boden wieder zum Leben erweckt wird. Sie lebt wieder auf. Wie gerne würde dann ein jeder hier zupacken. Doch zu schmal das Rinnsal, das hierfür vorhanden. Würde es zu einem breiten Strom ausgeweitet, um die Felder ausreichend begießen zu können, womöglich dadurch noch einen künstlichen Regenbogen erzeugen, überschäumen würde ein jeder vor Freude.

Was ist bisher erreicht? Warten auf den natürlichen

Regenbogen, sofern sich ein solcher einstellt, um diesen dann bewundern zu können. Doch wie lange wird es bedürfen? Wie viele bleiben von jenen, die ausgeharrt haben, noch übrig? Reicht ihre Zahl aus, all das aufzufangen, was sich über die Erde ergießt, damit ja kein Tropfen dieses kostbaren Nass verloren geht? Werden sie dem nicht Herr, wie viel an fruchtbarer Erde tragen die Fluten dann mit sich? Wäre dies denn nicht vermeidbar? Hier würde sich ein Kampf lohnen. Jeder würde nicht nur für sich, sondern mit seiner Kraft voll für das Volk einstehen.

Anderes zu tun, verwerflicher kann doch ein Dasein nicht mehr gestaltet werden. Verspürt denn nicht ein jeder, wie nahe er schon am Abgrund steht? Ist es wahrhaftig leichter, als Beschützer anderer zu agieren, als zum Landmann zu werden? Zu einem Landmann, der mit dazu beiträgt, den Hunger zu bekämpfen? Wer trägt denn im Endeffekt nicht doch den größeren, vor allem sauberen Gewinn davon? Schmeckt ihnen Nahrung aus Blut getränkter Erde überhaupt? Kann ein solcher Beschützer, der er glaubt zu sein, noch tiefer sinken?

Aber auch das ist Afrika. Dennoch ist dies ein Afrika, wie es sich wohl kaum einer wünscht. Wie dem entgegengetreten? Wo ansetzen, wenn es Sinn machen soll, vor allem Ertrag bringen? Noch dazu wo sich kaum einer der Verantwortlichen geneigt sieht zuzuhören, was vorgetragen.

Wer ihnen nicht zustimmt, ist auch nicht als Freund anzusehen. Andere, die ihnen das zukommen lassen, was sie zu ihrer Erhaltung der Machtstellung und ihrer Ansprüche benötigen, ja, das sind wahre Freunde. Diese dürfen sich dann auch im Anschluss an der Beute mitbeteiligen. Was schert sie das Wehklagen der Geschädigten.

Dass sich ein Kontinent von Abermillionen auslöscht, unfassbar. Dennoch kann es geschehen. Dazu bedarf es noch nicht einmal viel. Zu viele verschiedene Strömungen durchziehen diesen Kontinent. Will jeder seine Vorstellungen durchgesetzt wissen, was verbleibt für den Einzelnen? Doch nur die gegenseitige Missachtung. Das Gegeneinander anstatt das Füreinander. Vermag dann der eine ohne den anderen überhaupt noch zu leben?

Kräfte von außerhalb sollten daher etwas genauer betrachtet werden. Worin liegt deren Bestreben? Sich nur der Ressourcen zu bemächtigen? Alles abschöpfen? Was fällt für die Menschen ab? Jene Menschen, denen dies doch eigentlich gehört? Wenngleich auch nicht sofort, doch was fließt zurück? Halten denn nicht auch hier wie bei allem, was als gutgemeinter Beitrag in Richtung Mensch gedacht und geleistet wird, ebenso viele ihre Hände auf? Was kann von dem, was noch übrig, erstanden werden? Wohl doch wieder nur das Nötigste. Doch sogar das ist einigen schon zu viel.

Ganze Schwadronen durchstreifen den Kontinent, um des Restes auch noch habhaft zu werden. Wo versickert dieser Reichtum? Hinter den Fassaden bestaunenswerter Objekte? In wessen Besitz befinden sich diese? Wage es nur keiner zu versuchen, dies zu ergründen. Die Strafe folgt auf dem Fuß.

So endlos wie der Horizont, so endlos die Sorgen jener, die sich aufmachen, um wenigstens etwas von diesem Reichtum zu erhaschen. Gewahren sie auf ihrem Weg, welche Schönheiten ihre Erde besitzt? Nur wer hat schon einen Blick für Schönes, wo es darum geht, ein Unterkommen zu finden und täglich gespeist zu werden? Was nützt ein Boden, wenn er keine Heimat bietet? Ist ihr Verlangen zu hoch angesetzt? Sind ihre Begehren zu maßlos? Wie aber steht es mit dem Begehren anderer? Wie kann das Begehren eines Menschen als maßlos abgetan werden, der nichts mehr wünscht, als ein zufriedenstellendes Auskommen zu erreichen? Um Ansprüche zu stellen, hierfür sind diese Menschen viel zu bescheiden. Sie kennen es nicht anders. Gerade deswegen sollte alles getan werden, um ihnen das Dasein so gut wie möglich zu erleichtern. Die Schwere der Last nehmen. Möglichkeiten hierzu, trotz aller Bedrängnis und Katastrophen, die sie jedes Jahr heimsuchen, sind immer gegeben. Vorbeugen, um das, was unvermeidbar bleibt, besser zu überstehen.

Nur wie könnte dies geschehen, wenn schon der

nächste Nachbar nicht einmal mehr das Geringste dem anderen gönnt? Wer schürt diese Feuer? Sie können keinem vernünftigen Zweck dienlich sein. Zu einem friedvollen Miteinander kann es nur einen Weg geben, Hand in Hand die Erde zu bebauen, um so eine Sättigung aller zu gewährleisten. Jegliche Hinderung daran ist ein Frevel an der gesamten Menschheit.

Lapidar so manche Anschauungen Einzelner, die dann auch noch ihre Verbreitung finden. Zum größten Teil sind diese, wie könnte es auch anders sein, widersprüchlich. Auf der einen Seite geben sie vor, das Beste für diese Menschen zu wollen, gleichzeitig folgt mit einhergehend die Unterdrückung. Wer soll ihren Worten Glauben schenken? Werden ihre Worte, was mitunter geschieht, angezweifelt, was darauf folgt, ist hinlänglich bekannt. Wer es wahrhaftig gut mit den Bedürftigen meint, verabscheut die Gewalt. Wer bereit ist, seine Hand zum Geben zu reichen, sollte dies niemals mit hintergründigen Gedanken verbinden. Am Ende zählt das Ergebnis. Alles Leben besteht aus Geben und Nehmen.

Dies aber hat nur insoweit Gültigkeit, wie es für jeden verkraftbar bleibt. Wer sich mit ernsthaften Gedanken diesen Menschen zuwenden will, wird zuvorderst erst einmal gefordert, dessen Vertrauen zu gewinnen. Barrieren abbauen. Eine Kette in alle Himmelsrichtungen zu bilden. Verantwortung auch für andere mit zu übernehmen. Rücksicht und Verständnis dem Schwachen gegenüber walten zu lassen. Gut Ding will eben Weile haben. Macht und Gewalt waren noch nie profane Mittel, um seine eigenen Vorstellungen und Wünsche für ein ganzes Leben zu erhalten. Versprechungen können ein Volk beruhigen, aber wieder nur für eine gewisse Zeit.

Fehlt das Greifbare, das Notwendige, wächst die Unzufriedenheit. Miteinhergehend vermehren sich die Querelen. Querelen entstanden durch Hunger und Not. Was bedrückt eines Menschen Seele mehr als der Anblick kargen Bodens. Noch dazu wo der Hunger kein Ende nehmen will. Wohin eilen seine Gedanken? Sie enden wie so oft in einem Wunschdenken. Ich könnte doch, wenn. Wäre da nicht.

Ja, wäre. Wie oft wird das Wort gebraucht, noch öfter missbraucht. Was könnte nicht alles, wenn dieses oder jenes nicht wäre. Doch dies sind alles nur Gedankenspiele. Wer hier eine Beruhigung sucht, und auch erwartet, sieht sich bald getäuscht. Die Bedrückung greift weiter um sich. Hier wird der Nährboden jener aufbereitet, die nur darauf gewartet haben, zum Zuge zu kommen. Ihr Ansinnen mag oberflächlich gesehen einen Hauch von Positivem in sich bergen, wer jedoch tiefer schürft, wird bald erkennen, dass er hier nur die Fronten gewechselt hat. Wann stellt sich das Versprochene ein? Und wenn es geschieht, wie viel an Verwertbarem beinhaltet es für ihn? Ist es tragbar, vor allem vereinbar mit dem, was von ihm gefordert wird? Nur kurz dürfte seine Freude währen. Was mit weitreichenden Vergünstigungen angepriesen wurde, nur Spärliches wird ihm von dem zuteil. Den großen Gewinn fahren andere ein.

Bitternis und Verzweiflung wühlen erneut in ihm. Wage es nur nicht, diese nach draußen zu tragen. Von einer Unbill in die andere geschlittert zu sein, ist die einzige Erkenntnis, die dem Wahren nahe kommt. Ausgesetzt der Unbill jener, die jetzt mit ihm so verfahren, wie sie es für richtig erachten. Ziehe mit ihnen, oder befördere dich selbst ins Jenseits. Wer so gezwungen wird, sich seine Freiheit erkämpfen zu müssen, an dem zieht das wahre Leben bedeutungslos vorüber. Ein Dasein, so wie er sich das immer vorstellte, findet hier nicht statt. Wie dem entrinnen? Nichts steht ihm zur Verfügung, was er dagegensetzen könnte. Ausharren, bis es irgendwann zu Ende geht. Genommen wurde ihm, wozu er hätte beitragen können. Nämlich die Erde in fruchtbaren Boden zu verwandeln. Darauf stolz zu sein, das hätte sich gelohnt, und nicht nur für ihn.

Das andere aber verdient keine Beachtung. Es entbehrt jeglicher Notwendigkeit. Wer dies benötigt, um sich und sein Ertrotztes zu beschützen, um die Gunst irgendwelcher Fremdlinge zu genießen, und die davor

Wartenden vergisst, wird wohl kaum diesem Genuss ein ganzes Leben lang frönen dürfen. Was bleibt dann noch übrig? Doch nur eine Postkarten-Idylle. Alles verkommt auch für ihn zu einer Randerscheinung.

Diejenigen, die eine derartige Gunst verteilen, haben auch nur eines im Sinn, Größe zu zeigen. Wer beachtet hier schon die Gesetze. Vor allem die der Natur. Raubbau und Verdrängung führen sie in ihrem Gepäck. Floskeln der primitivsten Art lassen sie vom Stapel. Was kommt noch alles über ihre Lippen? Was hier nicht erreicht werden kann, ist anderswo möglich. Nur womit dies alles verbunden bleibt, müßig, sich solchen Gedanken hinzugeben. Ist es denn nicht einfacher zu nehmen, ohne sich groß bücken zu müssen? Tritt denn hier nicht das Wichtigste in Vergessenheit? Nichts ist unerschöpflich. Wer nährt sie dann? Gleichsam die Einheit herstellen, dieses Ziel sollte niemand aus den Augen verlieren. Was dem Boden auf der einen Art genommen, sollte ihm anderweitig wieder zugeführt werden. Dies muss keineswegs bedeuten, dass angestammtes Bewirtschaften zur Vergangenheit werden muss. Bewährtem vermehrt zusprechen, um so eine Abwanderung zu stoppen. Nach Möglichkeit für einen Zustrom nach hier zu sorgen. Diese wenigen Oasen, welche Vorteile bescheren diese? Und wenn, für wen und für wie viele? Fauna und Mensch, wie lässt es sich gerade hier verbinden? Gelingt es solche zu schaffen, was selten genug vorkommt, wer sorgt für deren Erhalt, damit diese langfristig allen zugutekommen? An ein Ausweiten ist in diesem Landstrich ohnehin nicht zu denken. Auch das ist Afrika.

Versäumnisse treten überall auf. Doch keinen Kontinent treffen Naturkatastrophen so hart wie jene, wo die Dürre kaum ein Ende findet, und die Verwüstung unaufhörlich voranschreitet. Wer sich dem nicht entgegenstellt und weiterhin Raubbau betreibt, versündigt sich am Leben von Mensch und Tier. Und nicht zuletzt an der Natur.

Anbauerde, wo sich diese anbietet, gezielt verwerten. Möge diese auch nicht gerade reichlich vorhanden sein, deshalb sorgsam damit umgehen. Wer diese nicht pflegt, wird auch nicht lange Freude daran haben. Sie dient nicht nur dem Menschen als wichtige Lebensgrundlage, damit er vorwärtsstreben kann, sie beschert Reichtum. Wenngleich auch Reichtum anderer Art. Bevor es jedoch dazu kommt, will die Erde verhätschelt und gepflegt werden. Hier kommt dann das zum Tragen, was doch allgegenwärtig, nur nicht mit dieser Anerkennung, wie es erforderlich bleibt, von jedem so aufgenommen wird. Bevor das Geben bei ihr einsetzt, will sie erst einmal gesättigt sein. Auch dann bedarf es noch seiner Zeit, bis sie sich dazu bereitfindet. Wer beherzigt schon ihre Bitten, gebt mir, dann gebe ich auch euch. Der Korb der Natur könnte stets gut gefüllt bleiben, dass niemand in Wehklagen fallen müsste. Würde doch nur …

Ach ja, würde. Seine eigene Würde, die Würde des Menschen möchte ein jeder unangetastet wissen. Wo aber bleibt hier die ihrige? Ist ihrer Würde denn nicht die gleiche Aufmerksamkeit zuzuwenden wie jener, die der Mensch auch für sich in Anspruch nimmt? Sie, die Erde, gibt sich auch mitunter mit dem Minimalsten zufrieden. Obgleich dann eben die Ernte dementsprechend ausfällt.

Wie aber steht es beim Menschen damit? Obwohl sich doch gerade Mensch und Erde in nichts nachstehen. Unersättlich geben sich beide. Dennoch liegt eine gravierende Trennung zwischen ihnen. Wer der Erde zugetan, wird immer Freude daran haben und niemals Hunger leiden. Wer aber Gleiches vom Menschen erwartet, fällt einer Enttäuschung nach der anderen anheim. Behüte das, worauf du stehst, mag es dir auch noch so viel an Mühe und Kümmernis bescheren, ihr Dank ist dir gewiss. Die Erde zeigt, was sie hervorbringt, dort darfst du zugreifen. Der Mensch hingegen nicht. Was sind Worte wert, wenn sie nur so dahingesagt und ihre Wahrhaftigkeit vermissen lassen?

Wozu soll sich ein Mensch noch plagen, wenn es ihm offen dargebracht wird? Das hierfür Erforderliche erledigen andere schon für ihn. Bemächtigen sich einer solchen Kreatur noch Gefühle oder gar Stolz, ein

Mensch zu sein? Abscheu müsste solchen Abkömmlingen von allen Seiten entgegenströmen. Doch auch dies würde ihre derzeitige Haltung nicht beeinflussen. Wer sich keiner Schuld bewusst glaubt, erkennt noch weniger das Unrecht, zu dem er sich hatte hinreißen lassen. Ihn trifft es nicht. Abgeladen wird Derartiges doch nur wieder bei jenen, die doch ohnehin schon genug geplagt sind. Aber, sie sind dies ja gewohnt. Was macht es da schon, wenn auch der nächste Schritt nichts einbringt. Nach dem Tag folgt die Nacht. Danach beschert es ihnen einen neuen Morgen. Vielleicht, sofern sie sich mit Hoffnungen tragen, erfüllt dann dieser den einen oder anderen Wunsch. Wer wagt es schon, noch daran zu glauben?

Was in ihrem Kampf ums Überleben von allen kaum Beachtung findet, sie begeben sich von einem Territorium in das andere. Wem ist in einer solchen Situation auch schon das Erkennen gegeben. Nahm sich denn nicht auf ihrem Weg alles gleich aus? Erde, Wasser, die Sonne? Selbst der Mensch in Gestalt als ein solcher zeigte keine Auffälligkeiten. Keine Merkmale, dass er anders geartet sein könnte als sie, die Neuankömmlinge. Warum wird dann schon wieder ihnen Abneigung entgegengebracht? Haben sie vergessen, woher sie kommen, darüber hinaus, was sie mitbringen? Doch nur das, was sie am Leibe tragen. Vielleicht, wenn es hochkommt, noch ein kleines Bündel. Aber dafür große Hoffnungen auf ein Dasein, in dem es sich lohnt, lange zu verweilen.

Wer hier hofft, seinen Lebensweg im Wohlgefallen beenden zu können, steht auf verlorenem Posten. Warum bekennen sich jene, die hier ansässig, nicht zu ihnen gehörig? Was befähigt sie, sich anders zu geben? Allein ihr angestammtes Hiersein? Aus allen Richtungen schallt es ihnen entgegen. Verlasse, was du soeben betreten. Hier ist kein Platz für dich. Wo aber lässt sich ein solcher finden, wenn nicht hier? Anderen, Fremden mag es so gesagt werden, doch aber nicht ihnen, die doch gleichen Fleisches und Blutes sind. Bei wem setzt das Verstehen zuerst ein? Wer vermag auch schon Hunger zu stillen, wo es nichts zu verteilen gibt. Was wird ihnen denn noch alles abverlangt? Gerade ihnen, denen schon jetzt jeder Schritt zur Qual wird. Zum Fortsetzen gezwungen, was doch nie endet.

Was fruchtet da ein Blick gen Himmel? Außer dass ihr Wunsch neu erweckt wird. Flügel sollten ihnen wachsen. Der Wind würde dann alles Weitere besorgen. Reicht ihre Erinnerung noch zurück zu den Anfängen? So manches mag ihnen da noch anhaften. Wie viel aber wird davon noch vorhanden sein? Wie viel in ihnen noch erhalten? Sollten sie dazu finden, und das Glück ist ihnen hold, und sie bekommen doch wieder festen Boden unter die Füße, was vermögen sie davon weiterzugeben? Gäbe es doch nur einmal eine Phase, in der die Erholung zu spüren wäre.

Driften hier ihre Gedanken zu weit ab? Versuche, der tristen Gegenwart zu entfliehen, um in Gefilde zu gelangen, die noch in ihrem Sinne Angestammtes beinhalten; obschon es noch vorzufinden bleibt, ist es wohl kaum durchführbar. Dort, wo es sich noch finden lässt, in deren Breiten zu gelangen, dürfte nicht nur von der Weite des Kontinentes her gesehen noch weniger von dem Kreis der dort Lebenden, die seit Jahrhunderten so ihren Lebensunterhalt bestreiten, wohl kaum als willkommen empfunden werden. Vorübergehende Gastfreundschaft zu gewähren stellt niemand in Abrede. Eine solche wird es immer geben. Jedoch Anschluss, noch dazu wo sie nicht ihrer Volkszugehörigkeit zu bezeichnen sind, ist schier unmöglich. Eigene Karawanen ins Leben rufen? Zum einen, wer kennt die Wege durch die Wüste? Des Weiteren, wo lässt sich finden, was sie benötigen?

Ist ihnen noch immer nicht aufgegangen, dass sie doch seit längerem nichts anderes tun? Sie, die doch angestammten Führer dieser Karawanen samt ihrer Kamele, finden jede Wasserstelle, die es in der Wüste zu finden gibt. Woran könnten sie sich orientieren? An den Sternen in der Nacht? Nicht jede größere Anhäufung von Sand ist gleichbedeutend mit Wüste. Der Wind, der ungehindert über das Land fegt, verstreut diesen in alle Richtungen. Hinzu kommt, unbekannt sind ihnen die Gefahren, die doch überall lauern. Des Weiteren die brennende Sonne. Das Wort Fata Morgana ist doch in aller Munde. Nur was sich genau dahinter verbirgt, Legenden darüber gibt es mehr als genug. Was aber ist davon als glaubwürdig anzusehen? Erleben will es dennoch keiner. Ihr Herz schlägt für anderes.

Sie bleiben bei ihrer Karawane. Eine Karawane der Straße. Bleibt es ihnen auch selten vergönnt, die Füße einmal ruhen zu lassen, meist wenn ein williger Fahrer Einsicht zeigt und sie ein Stück des Weges mit sich nimmt. Eines hat ihre Karawane dann doch mit der der anderen gemein, die Ungewissheit, was ihnen am Ziel, sofern sie eines solchen ansichtig werden, oder gar zugeführt, erwartet. Mitunter fällt dann doch noch etwas für sie ab, und sei es auch nur, den größten Hunger zu stillen. Für die nächsten Stunden sichert es ein Überleben. So manch guter Rat befindet sich auch noch darunter.

Wenngleich es auch nicht für jeden zu verstehen bleibt, warum an manchen Orten ein so großer Aufwand betrieben wird, an Stellen aber, wo es dringend nötig wäre, nichts dergleichen zu finden ist. Zu gering, was dort anzutreffen ist? Welche Erlöse lassen sich im Gegensatz zu den anderen Orten erzielen? Wenn es an dem ist, warum gibt es dann für sie keine Bleibe?

Ist denn eine so große Vermehrung, wie sie sich im Augenblick anbietet, nicht verkraftbar? Wer in Augenschein nimmt, was sich an den Rändern von einem Meer aus Häusern etabliert, wird zu dem Schluss gelangen: Es muss wohl so sein.

Wie aber geht es weiter? Sich erneut einreihen, wie schon so oft? Wieder nur Brosamen anderer entgegennehmen? Wer vergibt aber auch solche? Die Straße, auf der sie leben? Sie haben es sich doch nicht freiwillig ausgesucht. Zum Teil wurden und werden sie noch immer gezwungen, Altehrwürdiges zu verlassen. Gezwungen von Kreaturen, die sich dann auch noch als Menschen bezeichnen, um dann auch noch als solche akzeptiert zu werden. Wer oder was bemächtigt diese Abkömmlinge eines angestammten Volkes, sich über den Nächsten, der ihnen seit Menschengedenken nahesteht, zu erheben? Neid, dem anderen könnte es besser gehen als ihnen? Kleinkariertes Denken, eingebunden in ein Strickmuster, das sich dann jeder nach Gutdünken zurechtlegt. Ansprüche zu erheben, die weit über das Normale hinausgehen? Wer will das schon. Sie, die Anführer dieser imaginären Gesellschaft sind es, die solches hervorbringen. Sich anmaßen, über anderen zu stehen. Des Menschen Heimat ist dort, wo er geboren, ungeachtet allem, was ihn umgibt. Jedes Wesen ist gleich viel wert. Wer den aufrichtigen Pfad einer ihm doch angeborenen Tugend verlässt, um mehr zu sein, als ihm zusteht, belädt sich mit einer Schuld, die ihm niemand zu vergeben vermag. Sein Weg in die Ewigkeit, in der es Wahrhaftiges zu erleben gibt, währt so ewig. Ob er jemals dort aufgenommen wird und vor allem wie, entscheidet das höchste Gericht. Kein Sterblicher kann ihm hier Beistand leisten. Anmaßung und Missachtung anderer zeugen von einem niederen Bewusstsein. Wer hier glaubt, Stärke unter Beweis stellen zu müssen, steht auf schwachen Beinen. Auf Zeit könnte es ihm gelingen, andere zu beherrschen. Von Dauer aber bleibt es nicht.

Der Ruf, dies ist auch mein Land, wird so immer lauter. Das Echo schallt immer eindringlicher, bis es ihm in den Ohren schmerzt. Dann beweise deine Stärke, von der du glaubtest, so viel zu besitzen. Dafür wird dich anderes verfolgen und lässt dich so zum ewigen Wanderer werden.

Während jene, wenngleich auch unter schwierigen Bedingungen, eine Art Heimat finden. Vergleichbar mit jener, die sie verlassen mussten, kann sie dennoch nicht sein. Nichts und niemand kann einem die Heimat, die man aufgeben musste, ersetzen. Obschon Scheinbares, das nicht mit dem Leben eng verbunden, verfliegt. Was bleibt? Ein stetes Hin-und-her-Gewoge.

Gewinner? Diese sucht jeder vergebens. Jeder wird hier zum Verlierer. Welcher Lohn gebührt dem Verursacher hierfür? Wer fühlt sich bereit, diesen auszuteilen? Oder anders gesagt, diesen anzunehmen? Meist wird er sich selbst gestatten, diesen in Empfang zu nehmen.

Zu Beginn seiner Ära wird doch jedem gleich viel zugestanden. Bedarf er mehr, auch diese Eigenschaften, das zu erreichen, sind ihm gegeben. Wenngleich dem einen mehr, dem anderen weniger. Dennoch, den Weg nach oben zu erklimmen, kann jeder in Angriff nehmen. Hierzu bedarf es nicht viel. Nur Ausdauer und Format. Anderem aber tunlichst abzuschwören. Eigenes Gutdünken, sofern es angebracht ist, in den Vordergrund stellen kann ein Baustein für die Zukunft sein. Welche Bausteine sich aber hierfür auf seinem Weg auftürmen, sollte jeden zum Nachdenken bringen. Sonst könnte es sich ausnehmen wie eine Anhäufung unvollendeter Bauten. Wer erbarmt sich ihrer? Zu einer Vollendung werden sie niemals reifen. Hofft doch jeder, der gezwungen wird, sich an solchen Orten niederzulassen, dass es nur als vorübergehend anzusehen sei.

Doch was ist schon als vorübergehend anzusehen? Wieder ist dies nur ein weitläufiger Begriff, von dem niemand weiß, was damit anzufangen bleibt. Wanderungen hingegen anderer Art können schon zu einem Gewinn werden. Wanderungen, die das mit sich führen, und so zu den Menschen bringen, womit dieser Kontinent doch so reichlich gesegnet ist. Die Verschiedenheit der Kulturen. Einblicke gewähren lassen in eine Daseinsform, auch und gerade weil sie sich so abstrakt ausnehmen. Wenngleich sich auch nicht jede zum Nachahmen eignet. Vieles ist herkunftsbedingt, und gewöhnungsbedürftig. Was dennoch jedem Beschauer den hierfür nötigen Respekt abringt. Nicht zu vergessen, so manches, das aus der Not heraus gewonnen, hat sich später über Jahre hinweg bewährt. Ist der Mensch dazu übergegangen, sich der Natur zu verpflichten, so lässt ihn diese nicht allein. Sie stärkt ihn auf ihre Weise.

Zu einseitig? Auf den ersten Blick mag es so scheinen. Definiert jedoch jeder die Natur, was sie beinhaltet, wird jeder rasch eines Besseren belehrt. Noch nicht einmal das Wort einfach findet hier seine Gültigkeit. Es erfordert sehr viel an Mühe, aus dem Rohstoff der Natur etwas Brauchbares zu gewinnen, was den Menschen dann auch erwärmt. Denn nur diese Wärme, die seinen Körper durchströmt, gibt ihm die Kraft, die er benötigt, um den Tag zu überstehen. Diese Wärme kann dann auch noch vielen gegeben sein, die sich daran auch noch lange erfreuen dürfen.

Wie aber steht es mit den Gleichgesinnten dieses Kontinentes, denen diese Wärme nicht zur Verfügung steht? Auf Dauer gesehen, kann es eine solche nur geben, wenn diese zum festen Bestandteil eines jeden wird. Aber auch nur dann, wenn alle Menschen sich einig sind. Wie aber sollte sich ein derartiges Begehren bei der Zerrissenheit dieser Völker etablieren? Misstrauen und Argwohn fließen hier schneller als das Wasser der Flüsse zum Meer. Für deren Beständigkeit jedoch ist bestens gesorgt.

Anders wieder bei ihnen. Zumal es in den Ballungsgebieten nicht viel bedarf, Aggressionen zu schüren. Wer glaubt, sich hier einen Vorteil verschaffen zu können, muss viel aufbieten. Was beinhalten ihre Angebote, sofern sie in der Lage sind, solche anzubieten? Doch wieder nur Imaginäres, das ihnen vor die Füße gelegt wird. Wer es versteht, diese mit dem Tatsächlichen zu verbinden, und so wahrhaftig anzubringen, hat stets den Vorteil auf seiner Seite. Entspricht das, was zu geben er verspricht, auch nicht im Endeffekt dem Versprochenen, was macht das schon. Seine eigenen Wertvorstellungen will er umgesetzt wissen. Zu was anderem sind sie ohnehin nicht nützlich. Sie sollen wenigstens noch das leisten, wozu sie tauglich. Mit der Zeit werden auch sie Geschmack daran finden.

Auf Einzelne mag es zutreffen, doch der Tenor der Allgemeinheit hört sich anders an. Noch sind hierzu bei weitem längst nicht alle Möglichkeiten ausgeschöpft. Eine Vielzahl von Tragbarem könnte noch Anwendung finden. Auch wenn die Bereitschaft hierzu wieder einmal mehr auf einen Tiefpunkt abgesunken sein sollte. Umfassendes leicht verständlich anbieten. Sich abzeichnende Konflikte bereits im Keim ersticken. Bevor sich diese flächendeckend ausweiten. Jeden an seine Mitwirkungspflicht erinnern. Jedoch Lösungen für einen Konflikt zu finden, noch dazu, wo sich dieser schon fest im Kopf eingenistet hat, bleibt ein mühseliges Unterfangen. Zu einer Eindämmung kann es führen, doch bis hin zu einem umfassenden Frieden bleibt es noch ein langer Weg. Die hervorzuhebende Möglichkeit könnte darin gesehen werden, den Wert des Einzelnen besser herauszustellen, um ihm so eine Aufwertung zu bescheinigen. Lehren, wozu er bestimmt, aber niemals belehren. Seiner Eigenständigkeit mehr Raum einräumen. Nicht davor die Augen verschließen, weil es schwierig werden könnte. Gegensteuern, wenn andere ihre Prinzipien, die doch kaum einer versteht, feilhalten. Diese führen die Menschheit doch nur in dunkle Nacht. Was helfen da Fragen, wann endet diese? Hier kann es nur eine Antwort geben, nie. Es muss auch niemand mit den angeblichen Wohlwollenden verbunden bleiben. Wege in eine Rückkehr vermögen auch sie, trotz ihres Machtgehabes, nicht vollends zu verschütten. Obgleich es dadurch nur noch schwerer wird, sich wieder in die Gesellschaft einzubringen.

Was bringen sie aus ihrem Irrweg mit? Rein nichts, was der Allgemeinheit dienlich wäre. War die Verlockung wahrhaftig so groß, dass sie dieser nicht zu widerstehen vermochten? Versprechungen sind leicht abgegeben. Besteht aber danach jeder auf ihre Einhaltung, bleibt nichts mehr davon übrig. Somit sind auch sie für die aufstrebende Mehrheit verloren. Wer den Weg einer längeren Wanderschaft mit dem Ziel, wieder rechtzeitig an den heimischen Herd zurückzukehren, antritt, wird sich eher dazu bereitfinden, Eindrücke, die ihm vermittelt werden, als einen Gewinn zu betrachten und weiterzugeben. Nicht zu vergessen, seine Reise unter ihrer Herrschaft dient anderen Zwecken. Erstes Fazit, das sichtbar wird, sie sind der Ausweglosigkeit preisgegeben.

Worauf lohnt es sich, stolz zu sein? Stolz auf das, was ihm in die Hand gedrückt, gelehrt, wie damit umzugehen? Was hinterlässt er? Ist dies eines solchen Kontinentes würdig? Welche Erwartungen können daran geknüpft werden? Wo oder wer ist das Ziel, das es zu verfolgen gilt? Es kann sich nicht zeigen, weil es schlichtweg real nicht vorhanden ist. Es existiert nur in den Köpfen einiger weniger. Hier wäre es angebracht, in diese Reihen Vielfalt einfließen zu lassen, um sie zur Umkehr zu bewegen. Darlegen, was wird, wenn. Beibringen, wieder Selbstvertrauen zu schaffen, um sich nicht selbst im Wege zu stehen. Seinem Land mit der ihm angeborenen Kraft zu dienen. Forderungen jedoch mit einer Stimme zu erheben. Die Gleichheit immer wieder neu zu betonen. Erfolgen aber weiterhin Abgrenzungen, so glaubt sich jeder auf einem Jahrmarkt der Gefühle zu befinden. Wenn dem so ist, warum wurden dann diese Gefühle bis heute unterdrückt? Unterdrückt und nicht einfach losgelassen? Zurückgedrängt, sich selber vertröstet auf ein Später. Später, wann ist das? War das nicht schon gestern? Wurde die Gelegenheit denn hierzu nicht schon verpasst? Und nur weil? Suche erst gar nicht danach, du würdest ewig dazu brauchen und doch nicht fündig werden.

Lege ab den Mantel der Demut zu jenen, die nichts außer leeren Worten zu geben in der Lage sind. Verwerfe ihr Ansinnen, du kannst es besser. Sie sollten allein gelassen werden, samt jenen, die zu ihnen stehen. Nur nicht zu ihrem Land. Es halten wie die Gestirne am Firmament. Sie stützen sich doch auch gegenseitig. Auch wenn sie sich gelegentlich etwas zu nahe kommen und einer den anderen überschattet, dennoch stehen sie sich niemals im Wege. Sie wollen dem anderen nur damit offenbaren, spüre meine Kraft, um sich dann wieder voneinander zu lösen.

Verloren jeder, der sein Land aufgibt. Glücklich bleiben die Vergessenen, die sich weitab vom hektischen Leben ihren Lebensraum erhalten haben. Sind sie deshalb wirklich glücklicher? Zur Vergessenheit sind diese Menschen deshalb noch lange nicht verdammt. Sie stehen eben nur durch ihre Lebensform nicht so im Rampenlicht. Sie leben rein mit und von der Natur. Teilen ihr Zuhause mit allem, was dort ansässig. Warum gerade über sie so wenig zu hören bleibt, niemand setzt auch nur einen Fuß auf ihr Territorium. Sie selbst verspüren noch weniger Bedürfnis, ihren natürlichen Schutz zu verlassen. Sie zelebrieren regelrecht ihr Dasein. Mag es auch über den Kontinent hinweg nur wenige Möglichkeiten geben, Anwendung für ihre Art zu leben zu finden, andererseits käme eine solche Form, sein Leben zu führen, anderen einem Stillstand gleich. Den wiederum auch niemand auf sich bezogen wissen will. Da schon eher einem langsamen Fortschritt den Vorzug geben. Um ein Aufstreben im Nichts versinken zu lassen, dazu ist dieser Kontinent mit zu vielem ausgestattet. Ausgestattet mit dem, worauf andere schon so lange begierig warten. Zum Vorteil gereicht diesen in Einsamkeit lebenden Menschen, sie bleiben von Stammesfehden weitestgehend verschont. Ihre Genügsamkeit beschert ihnen das, was sich andere mehr erkämpfen als erarbeiten müssen.

In Kämpfe werden sie zeitlebens immer verstrickt bleiben. Sofern es nicht doch gelingen sollte, jene, die sich besser dünken, zu überzeugen, dass auch ihnen nur ein Teilanspruch zur Verfügung steht. Was ist das für eine Gattung Mensch, die sich erdreistet, ohne Grund über andere bestimmen zu können? Wer hat sie geschickt? In wessen Namen wurden sie hierzu ermächtigt? Diesen Botschaftern des Unheils sollte niemand Anerkennung zollen. Tod und Verwahrlosung lassen sie zurück. Was bekümmert sie, was aus diesem Land wird. Sie haben ihr Ziel erreicht. Das Ziel Vertreibung. Wie stolz dürfen diese Menschen sich fühlen auf das, was sie getan? Sollte ihnen noch nicht aufgegangen sein, dass das, was sie tun, einem Frevel gleichkommt und ein solcher nicht ungesühnt bleibt, diese Erfahrung steht ihnen dann noch bevor. Wohin sollen sich diese Menschen im Nachhinein, die doch nichts anderes können, wenden? Das Land verlassen, um in die Fremde zu gehen? Was bedeutet für sie die Fremde? Ist ihnen denn nicht schon ihr eigener Kontinent fremd geworden? Was erwartet sie in all den Ländern, die doch nur über das Meer zu erreichen sind? Werden sie schon in ihrer angestammten Bleibe als unerwünscht abgewiesen, wie können sie hoffen, so weit ab freundlich aufgenommen zu werden? Unbeantwortet bleibt darüber hinaus ihre Frage, wozu schickst du mich in die Fremde? Mein Zuhause ist doch hier bei dir. Wer aber kann sich schon wie zu Hause fühlen, wenn er ständig einer Drangsal ausgesetzt bleibt. Gedanklich mag der eine oder andere schon mitunter ins Utopische schweifen. Doch was ist schon utopisch, was real? Sie haben es noch nicht kennengelernt, was das eine vom anderen unterscheidet. Erst wenn es ihnen gelingt, dort eintreten zu dürfen, wo Not und

Elend, so wie sie es bisher erdulden mussten, zu einem Fremdwort geworden ist, zumindest für diesen Augenblick, was während ihrer Wanderschaft ihr geheimster Wunsch war, das zu erreichen, gerät das, was vorher war, für den Moment in Vergessenheit.

Dass es dennoch solches gibt, bleibt unbestritten. Stehen sie erst einmal davor, wird jeder fragen, dürfen wir auch daran teilhaben? Wird es wieder nur zum Wunschdenken? Wer hört ihnen zu und schottet sich nicht gleich wieder ab? Dass dies zu einem Bemühen anderer wird, steht außer Frage. Wer aber erkennt die Schwere der Last? Dabei gäbe es gerade hierfür Wege, die allen nur wenig abfordern. Fremden gestatten, eine kurze Visite abzugeben. Selbst darbringen, wozu dieser Kontinent fähig ist. Jede dieser Reisen würde im Vollgefühl der Freude auf ein Wiedersehen im anderen Kontinent stattfinden.

Vergessen wird, obgleich es ein offenes Geheimnis ist, es erfolgt nur von dort, wo sich der Reichtum unter der Erde befindet. Unerwähnt bleibt darüber hinaus, wer sind die Betreiber und wer die Nutznießer? Nach allem Dafürhalten viele. Nur nicht das Volk draußen in der Ebene. Gerade sie, die sich um das Land bemühen, träumen doch von einem Garten Eden. Wenngleich ein solcher vielleicht zu weit hergeholt sein mag. Doch Felder, die stolze Ähren tragen, kann es geben.

So gegensätzlich das Land, um das es sich lohnt zu

bemühen, so gegensätzlich bleiben auch die Menschen, die es bewohnen. Worin besteht ihrer Ansicht nach der Unterschied zwischen bleiben und vorgehen? Sie sehen keinen. Wie sollte dies auch anders sein. Nicht das schützende Haus steht hier im Vordergrund. Ein solches lässt sich überall errichten. Der Hunger, verursacht durch Trockenheit, die doch überall zugegen ist. Hoffnung keimt in ihnen nur dahingehend auf, wo sich mehr Menschen befinden, eröffnen sich mehr Gelegenheiten dem zu entrinnen und sein Dasein ausgewogener gestalten zu können. Sofern es ihnen auch gelingt, sich in diesen Massen zu behaupten. Ansonsten heißt es erneut, sich abfinden damit, weiter Bittsteller zu sein.

Haben sie sich denn nicht schon daran gewöhnt? Dieser Makel wird sie noch lange begleiten. Obgleich es doch geradezu nach Unterschiedlichkeit schreit. In der Masse, wo die Hungernden gespeist werden, gibt es keinen anderen Weg. Am allerwenigsten gelingt hier ein Ausscheren. Wer es dennoch versucht, bleibt irgendwo am Rande liegen. Zurückgelassen, vergessen. Diesen Zurückgelassenen bleibt nur noch das Dahinscheiden.

Anders mit jenen, die weiterhin ihrem Land verbunden bleiben und zueinander stehen, um dort, wo sie anzutreffen sind, zwar ebenfalls zum Empfänger zu werden, doch das, was sie empfangen, dient allen zu einer festen Grundlage ihres Daseins. Doch wann und wie oft geschieht dies? Wie lange sollen sie noch darauf hoffen? Woran scheitert, was als vielversprechend anzusehen ist und noch nicht angewendet wird? Wodurch entstehen diese Stockungen? Antworten auf ihre Fragen versickern wie so vieles im Sand. Hoffnungen, gepaart mit Versprechungen, lassen sich leicht in die Welt setzen. Wie aber steht es mit der Erfüllung? Sich vertrösten lassen, um neue Hoffnung zu schöpfen, wer vermag dies schon?

Unzählige werden es sein, die die Schwere der Last einer Abkehr von ihrem Land auf sich nehmen. Es muss ja nicht für immer sein. Die Bilder aus der Heimat lassen sich auch nicht in der Fremde aus ihren Erinnerungen löschen.

Eines wird auch hier trotz allem nicht ausreichend bedacht. Wer hilft ihnen in der Fremde? Wer nimmt sich zuerst ihrer an? Erklimmen sie die erste Stufe, was bietet sich ihnen dar? Zuvorderst dürfen sie erst einmal das Glück anderer bewundern. Ist ihnen das Schicksal zugeneigt und sie dürfen daran teilhaben, folgt schon die nächste Frage. Wie lange? Wer genehm, wird weitergereicht. Reicht es für ihn nicht aus, ist die Rückkehr vorprogrammiert. Was wiederum dazu führt, dass es nicht bei diesem einen Mal bleibt. Wiederholungen sind hier Gesetz. Jede Drangsal ließe sich vermeiden, wenn … Es gäbe und könnte so vieles. Doch

Wunder zu erhoffen, sollte jeder schnellstens ablegen. Wenn, dann gelingt es nur in Einheit miteinander. Wie fragwürdig auch so manches sein mag. Verbindungen herstellen und keine Abgrenzung betreiben. In Gemeinschaft Güter erwirtschaften, alle teilhaben lassen am Erfolg. Der Reichtum eines Landes wurde nicht nur für einige wenige geschaffen. Er sollte daher als Reichtum aller angesehen und auch so behandelt werden.

Doch was geschieht? Die Unersättlichkeit Führender stellt sich dem in den Weg. Sie ist Fluch und Segen zugleich. Sie schafft nicht nur Freunde, im weiteren Verlauf auch Feinde. Jedoch der größte Feind der Menschheit ist seine eigene Gier. Was sich anfangs wie ein Segen ausnimmt, wird mit jeder weiteren Bereicherung zum Fluch. Wie lange dürfen sie sich daran noch erfreuen? Ein, zwei Leben? Leben ist hier gleichbedeutend mit Generationen. Wie lange dürfen sie sich daran laben, bis es ihnen von der Mehrheit, der es ebenso zusteht, streitig gemacht wird? Grenzen werden erneut gezogen. Bestimmungen erlassen. Gelten diese denn nicht für alle? Spielt es wirklich eine so große Rolle, welche Farbe seine Haut aufweist? Was können Hellfarbige besser als Menschen mit anderer Hautfarbe? Hat sich schon jemals jemand der Mühe unterzogen, deren Fähigkeiten richtiggehend auszuloten? Niemand fragt danach. Was helfen schon Grenzen, wenn diese wie so oft dann doch überschritten werden. Ganz gleich ob im Bösen oder Guten. In welcher Absicht dies auch immer geschieht, lässt sich nur schwer erkennen. Zu welchem Zweck dies geschah, wird jedem erst im Nachhinein gewahr. Wenn das, was sie hinterlassen, in Augenschein genommen wird. Wer vermochte hier wen zu beschützen? Es müsste nichts dergleichen geschehen, würde der Akzeptanz für andere mehr Aufmerksamkeit und noch mehr Zuspruch ihrer Berechtigung entgegengebracht. Gerade daran mangelt es am meisten. Jeder schnürt sein Paket für sich. Der Rest bleibt zurück. Setzt doch jeder sein Augenmerk nur auf Gewinn und Verlust. Ihrer Ansicht nach ist doch nur Gewinnbringendes als lohnend anzusehen. Sollte sich das eine oder andere Paket doch als zu groß erweisen und ist alleine nicht mehr zu tragen, Gleichgesinnte sind doch schnell zur Hand. Auch dies sollte mit Maß und Ziel geschehen. Nicht zu vermeiden bleibt bei so verlockenden Angeboten, dass diejenigen, die ihre Bereitschaft hierzu erweisen, dafür auch reichhaltig belohnt werden wollen. Zu großzügig, darf es dennoch nicht ausfallen. Dies hätte nur zur Folge, dass ihre Begierde zu einem Höhenflug ansetzen könnte. Was es weiterhin zu vermeiden gilt, es darf auch nicht in eine übertriebene Anzahl ausarten.

Sind denn die Rufe der Ansässigen noch nicht laut genug, wo bleibe ich? Ich, der dies doch alles erst möglich gemacht hat? Hier gilt es Grenzen zu setzen, und für ihre Beständigkeit zu sorgen. Nur dort, wo es wirklich Sinn macht, sieht jeder darüber hinweg.

Wege zu einer Wiederkehr werden hier rasch zu einer Einbahnstraße. Wer sich einmal darauf befindet, dem bleiben kaum noch Chancen, eine Änderung in seinem Leben, sofern er diese überhaupt erreicht, herbeizuführen.

Wer denkt auch schon in einer Zeit des Überflusses hierüber nach. Des Nachts führt ihn der Mond mit seinem hellen Licht. Am Tag löst ihn die Sonne ab. Wozu sollte er düstere Gedanken in sich aufkommen lassen? Stehen denn nicht allen diese Wege offen? Auf den ersten Blick gesehen ja. Doch möchte jeder Rechte daran erwerben, wird rasch Einhalt geboten. Benutzbar wären diese für jeden. Unterschiedlich wird hier die Absicht gehandelt, wie diese zu handhaben sind. Obgleich es doch nur eine geben kann, eine, dessen jeder bedarf, die allgemeine Sättigung. Nur einem satten und ausgeruhten Körper ist es möglich, weiterführende Gedanken in sich aufkommen zu lassen. Es sei denn, er legt alle Skrupel ab und fürchtet weder Tod noch Teufel. Was ihn letztendlich dennoch abhalten könnte, ist einzig und alleine seine ihm angeborene Zurückhaltung. Legt er diese erst einmal ab, gibt es auch für ihn kein Halten mehr. Wer ständig gezwungen wird, seine Sehnsüchte zu untergraben, verliert früher oder später die Kraft, dem entgegenzusteuern. Alles bisher Aufgestaute bricht dann aus ihm heraus. Dann ist er es, der nicht mehr danach fragt, was ist Recht und was Unrecht. Für ihn gibt es keinen Unterschied mehr. Vorher haben sich andere nicht darum geschert, nun setzt er sein Gewissen außer Kraft. Ein Nachgeben von ihm steht hier nicht zur Debatte. Dieses Wort ist für ihn nicht mehr existent. Zu oft gab er sich schon versöhnlich. Abgespeist wurde er mit einer Handvoll Körner. Sein Glaube an wohlgemeinte Worte ist so zerrüttet wie alles im Lande. Alles, was dem Land Zufriedenheit bescheren könnte, gibt es nicht mehr. Zu lange schon währt hier der Stillstand. Es gibt keine Zeit mehr zu verschenken, geschweige denn zu verlieren. Zielstrebig, dennoch behutsam Vorgesehenes in die Tat umsetzen. Offen bleiben für jeglichen Zuspruch. Überlegen und abwägen, was machbar. Jede Zerstörung bedarf eines Wiedererhebens. Das Kranke ausrotten. Dem Gesunden zusprechen. Als Starker dem Schwachen beistehen. Eine solche Geste erleichtert ihm selbst den Weg in die Ewigkeit. Alle Schmach und Demütigungen von sich weisen.

Die Welt hält den Atem an, wenn ein Riese erwacht. Afrika ist ein Riese. Warum dies bis heute nicht zum Tragen kam, bleibt nur jenen unverständlich, die nie ein Interesse daran hegten, mehr zu ermöglichen als in ihrem Sinne verantwortbar. Wer keine Morgenluft wittert, ist auch nicht begierig darauf zu erfahren, was der Tag sonst noch parat hält. Erschüttert ist nicht nur ihr Vertrauen in eine, wenngleich auch nur nach Meinung der anderen festgefügte Ordnung. Wie brüchig aber Festgefügtes sein kann, die Querelen, entstanden durch Hunger und Not auf der einen, hervorgerufen durch Habgier einiger weniger auf der anderen Seite, die es vielerorts gab und noch immer gibt, sind ein beredtes Beispiel dafür. Dass Vorkommnisse dieser Art auch einen schlafenden Riesen aufbäumen lassen, diesen Schuh zieht sich bislang noch keiner an. Vieles, vielleicht auch schon zu vieles wurde als harmlos abgetan. Meist dann auch noch mit der Begründung, was von anderen bereinigt wird, bleibt nicht an mir hängen. Erspart es doch unnötigen Aufwand, und noch mehr an Kapital. Was aber wäre, wenn?

Floskeln, nichts als Floskeln. Noch. Dieses Wort »noch« gewinnt immer mehr an Bedeutung. Noch steht einiges zur Verteilung an die Günstlinge zur Verfügung. Noch sind die Zugangswege offen. Werden diese erst einmal verschüttet, was dann? Wie steht die übrige Welt dazu? Welche Schritte darf sie wagen, um glaubwürdig zu bleiben? Ist denn nicht schon ihre Glaubwürdigkeit in Verruf geraten? In Verruf dadurch, indem sie sich zu sehr auf eine Seite festlegte? Einseitigen Interessen den Vorzug gab? Was bewirkten all diese Hilfen? Die Welt wird nicht daran vorbeikommen, das Band neu aufzurollen. Gezwungen bleiben, Balanceakte zu vollführen, und dies über einem Abgrund, dessen Tiefe kaum abzuschätzen bleibt. Geschweige denn als Garant für eine sichere Landung in Betracht gezogen werden kann.

Noch immer verhindern Gegenströme ein Durchbrechen zu festen Gestaden. Alle eingefahrenen Strukturen Geschichte werden lassen. Dennoch keine Absolutheit in den Vordergrund rücken. Dies könnte sich ebenso verhängnisvoll auswirken wie so vieles, das zwar angestrebt war, dennoch nie zu einem Erfolg führte. Der Tragfähigkeit wurde zu wenig Aufmerksamkeit entgegengebracht. Denjenigen, für die es gedacht war, wird die Schuld zugewiesen. Warum? Wer findet schon Geschmack daran, wenn das Jackett nicht zur Hose passt. Anderes wiederum zu groß geraten und ungeeignet scheint.

Solche Fehlgriffe gilt es zu vermeiden. Noch können diese Bewegungen, die den Riesen erschüttern, als Schlafstörungen abgetan werden. Noch. Suchen ihn erst einmal seine Träume heim, und er will diese dann auch umgesetzt wissen, die Ehrfurcht davor dürfte jeden erstarren lassen. Doch auch dies ist nichts, was dem Augenblicklichen neue Nahrung zuführen könnte. Am schmerzlichsten trifft es Außenstehende, wenn Gutgemeintes auf Ablehnung stößt. Denkbar bleibt es, es sollte daher niemals in Vergessenheit geraten, dass es geschehen kann. Begleitend einwirken. Zuhören, was angestrebt wird. Schwer genug wird es, aber nicht unmöglich. Nicht allein, dass jeder für sich selbst zur Ruhe finden muss, was fehlt, ist ein gemeinsamer Nenner. Von außen her mag es den Anschein verbreiten und sich einheitlich ausnehmen, doch diese Eindrücke sollten weder über- noch unterschätzt werden. Gibt es solche Berührungsversuche nach einer schier endlos langen Zerstrittenheit, so vermessen wird dann wohl kaum einer sein, diese Annäherungsversuche schon als Zustimmung zu bewerten. Zaghafte Bekundungen. Wer mehr darin sieht, sollte erst einmal selbst in sich kehren. Sein eigenes bisheriges Verhalten hierzu in Betracht ziehen und dann abwägen, wie viel Brauchbares offengelegt wurde, was davon zukunftsträchtig Anwendung finden könnte.

Jetzt und hier ergibt sich die beste Gelegenheit, der Vielfalt des Kontinentes Rechnung zu tragen. Wenngleich auch nicht alles, was andere vorbringen, gutgeheißen werden kann. Mit dem, was er selbst anzubringen versucht, verhält es sich nicht anders. Abgleichungen lassen sich finden. Doch bis es zu einem Resümee kommt, bedarf es noch sehr viel an Geduld und noch mehr an Willen aller Beteiligten.

Als gegeben kann zum derzeitigen Standpunkt nur angesehen werden, die Tür steht einen Spalt breit offen. Wer diese jetzt zuschlägt, dessen Zukunft bleibt ungewisser denn je.

Dem schlafenden Riesen wurden Nadelstiche zugefügt. Diese ließen ihn nur etwas unruhig werden. Zeigt er auch sonst keine weitere Regung, auszuschließen bleibt, zu einem festen Schlaf, den nichts mehr zu erschüttern vermag, findet er nicht mehr zurück. Ein gerüttelt Maß an Zorn hat von ihm Besitz ergriffen.

Wer legt das Misstrauen dem anderen gegenüber zuerst ab? Wie viel Sinn macht es, weiterhin auf seinem Standpunkt zu verharren? Werden denn nicht so noch mehr Grenzen geschaffen, und das angestrebte Ziel, ein Land, ein Volk, nicht nur untergegraben, sondern vollends ausgelöscht? Wer zeichnet hierfür verantwortlich? Wenn das, was bisher getan wurde, nicht rasch zu einem alles umfassenden Erfolg führt, sollte sich niemand darüber grämen. Am allerwenigsten in Bitternis verfallen.

Die Motivation, die doch bisher allem standhielt, weiter aufrecht halten. Sich noch mehr in das, was angestrebt wird, zu vertiefen. Dann aber auch nur das zum Tragen bringen, was allen trotz Unterschiedlichkeit in der Lebensauffassung gerecht und vereinbar bleibt.

Die Bauherren, die dazu geeignet sind, den Aufbau voranzubringen, selbst bestimmen lassen. Wurde vielleicht nicht doch versucht, den Riesen zu früh zu wecken? Vielleicht. Vielleicht geschah es zu spontan. Zu verdenken ist es keinem Volk, wenn es versucht, Rechte, die ihm zustehen und doch nie zugebilligt werden, zu erkämpfen. Jede Obrigkeit sollte zur Kenntnis nehmen, dies sind keine Scheingefechte mehr. Hier steht der Mut der Verzweiflung Pate. Sie können und wollen nicht mehr länger warten. Ob dies, was bisher geschah, nur als ein Versuch anzusehen bleibt oder nicht doch absichtlich auf den Weg gebracht wurde, dieser Frage nachzugehen erübrigt sich.

Das Staatengeflecht, so wie es sich noch immer darstellt, wird nie und nimmer ein gemeinsames Vorgehen ermöglichen. Hier kämpft jedes Land für sich. Getragen von der Hoffnung, eine Spur gelegt zu haben, der es sich lohnt nachzugehen. Wem es gelingt, den Überraschungsmoment zu nutzen, wird, wenngleich auch nicht sofort, doch mit fortschreitender Zeit die Ernte einfahren. Überwindung kostet es alle Seiten. Davon bleibt niemand ausgenommen. Wer sich dem verweigert, wird in seinem jetzigen Dasein erstarren. Unbeweglich bleiben, so lange wie ihn seine Füße über diese Erde tragen. Jedoch niemals vor einem erneuten Anlauf zur Gerechtigkeit gefeit sein. Katapultartig kann es über ihn hereinbrechen. Wie viel an Standfestigkeit ist bei ihm noch vorhanden?

Wer demjenigen, den es trifft, Anzeichen einer Schwäche unterstellt, nur weil er dem Verlangen anderer entgegenkommt, verschließt vor der Wahrheit seine Augen. Wie gut kennt er eigentlich sein eigenes Land? Afrika ist dennoch nicht gleich Afrika. Schon vergessen? Zu viele Hürden versperren nach wie vor gangbare Wege. Diese vollends aus der Welt zu schaffen, wer sich das zum Ziel gesetzt hat, braucht nicht nur einen langen Atem, sein Leben müsste ewig währen. Dennoch sollte niemand versäumen, für jeden den Alltag erträglich zu gestalten. Sich mehr der Akzeptanz und der Achtung vor und vor allem füreinander verschreiben. Dies stärkt nicht nur seine eigene Seele, es festigt in ihm den Glauben an eine gerechte Welt und fügt so anderen Menschen keinen weiteren Schaden zu. Hindernisse dieser Art dürfte wohl ein jeder bewältigen. Wenn er dem nicht zu folgen versteht, sind seiner Einfältigkeit, so scheint es zumindest, keine Grenzen gesetzt. Welche Träume begleiten ihn?

Mag sein, dass es ihm schwerfällt, sich mit Dingen anzufreunden, die ihm bislang fremd blieben, und daher schwer zu verstehen, dass gerade sie ihm sein Leben einfacher gestalten sollten. Dünkt es ihm ausreichend, was er sein Eigen nennen kann, soll es ihm unbenommen bleiben und weiter nur dem zusprechen, was er vor sich hat. Seiner eigenen kleinen Welt den Vorzug geben. Von Schaden ist es nicht, den Prunk anderer von sich zu weisen. Doch ganz ohne den wird es auch bei ihm nicht bleiben. Nimmt der Fortschritt erst einmal so richtig Fahrt auf, wer vermag ihm Einhalt zu gebieten? Zur Bedächtigkeit stuft er sich angesichts der Weite dieses Kontinentes von selbst herab. Doch jede Gemächlichkeit verheißt hier einen Gewinn. Einhergehen mit der Dankbarkeit der Betroffenen. So irrt auch niemand ziellos umher.

Was als Paukenschlag begann, soll nicht als eine vorübergehende Erscheinung in die Annalen eingehen, behutsam weiterführen. Achtsam alles verfolgen, was machbar. Auch ein Riese ist von Sanftheit geprägt. Dieser Sanftheit gilt es den Rücken zu stärken. Ein Statut kann nur dann Fuß fassen, wenn es Grundsätze enthält, die umfassend gleichsam die Lasten auf alle überträgt. Welche Gratwanderung hier zu vollziehen angegangen werden muss, noch ist es eine unbekannte Größe. Eine Größe, die jene Eigenschaft in sich birgt, stets neue Anforderungen an alle Beteiligten vorzubringen. Verwerfen, neu ansetzen. Veränderungen auf den Weg bringen, um dann doch wieder zum Anfang zurückzukehren. Versöhnlichkeit vorbringen, zugleich aber auch eine von anderen einfordern. Seinem eigenen Gewissen folgen.

Wer könnte dies besser als jene, die von Grund auf mit allen Gepflogenheiten dieser Gesinnung vertraut sind. Schuld und Sühne, diese Forderungen sollten weit nach hinten geschoben werden. Zu bedenken bleibt: Wer zuerst in die Tiefe geht, wird es schwer haben, ein gerechtes Maß, das allen hilfreich sein könnte, zu finden. Zur Bedeutungslosigkeit sollte es dennoch niemand herabstufen. Der Verhältnismäßigkeit Rechnung tragen. Sorgsam in Erwägung ziehen, ob nicht doch das eine oder andere für einen späteren Zeitpunkt in Frage kommt. Wenngleich jede Aufschiebung beklagenswert bleibt und von dem, was zurückkommt, unnötig war, so sollte doch kein Verlust aus der Erinnerung gestrichen werden. Im Taumel einer Euphorie geht leicht die Übersicht verloren.

Wer sich einen solchen Weg vornimmt, wird auch weiterhin mit der Frage konfrontiert werden, wo führt er hin? Wo wartet das Ziel? Wie greifbar steht es bereit? Rückt es nicht doch wieder in unerreichbare Ferne? Was, wenn doch wieder die Gunst Außenstehender an der falschen Stelle greift? Günstlinge stehen immer und überall parat. Wenn es sein muss, sogar auf Abruf. Welcher Wert ist dann dem bisher Geschaffenen beizumessen? Was hat sich an Erfahrung in jedem festgesetzt? Wahrscheinlich in den unteren Schichten mehr die Abscheu, in den oberen dafür mehr die Genugtuung. Wie belastbar ist die Seele eines jeden? Was geschieht, wenn die Gemeinschaft der unteren immer mehr an Zusammenhalt gewinnt? Die Lehren, die aus den Anfängen sie gezogen, zum Tragen kommen?

Wer vorzeitig von der Selbstherrlichkeit Abschied nimmt, ebnet so den Weg in eine Ordnung, in der sich jeder zu Hause fühlen kann. Wer sich aber dem verweigert, beansprucht etwas, was ihm nur bedingt zusteht. Was jedoch niemals zu seinem Eigentum zu werden vermag. Wer dies als ungerecht empfindet, sollte sich nicht wundern, wenn er auf Ablehnung stößt. Übersehen und völlig außer Acht gelassen wird in einer solchen Zeit gerade das, was doch diesen Kontinent so auszeichnet und im Übermaß vorhanden. Die Reichhaltigkeit der verschiedenen Kulturen. Nur wer vermag einer solchen ausreichenden Hinwendung zuteilwerden zu lassen, wenn er ständig vor die Frage gestellt wird, wohin soll ich mich denn noch wenden? Wo finde ich den, der zu mir steht? Was sie auf ihren langen Märschen antreffen, sind doch auch nur Gleichgesinnte. Denen das gleiche Schicksal anhaftet und die dieses mit ihnen teilen. Die ebenso die Heimat verlassen mussten wie schon so viele vor ihnen. Wer weiß, wie viele noch folgen werden.

Finden sie sich zu einem späteren Zeitpunkt dann doch wieder in ihrer alten Heimat ein, bleiben sie dem Vorwurf ausgesetzt, der Heimat im falschen Moment den Rücken gekehrt zu haben. Wäre es denn nicht angebrachter gewesen, in Trotz zu verfallen und sich zu behaupten? Hier ist mein Platz, hier gehöre ich hin? Gebe ich mein Leben, so stehen andere hinter mir, die fortsetzen, was mir verwehrt blieb. Verliert er sich hier nicht in Träume?

Träume? Vielleicht. Nicht jeder Traum erfüllt sich oder kann kreditiert werden. Einerseits sollte sich niemand in Träume verlieren, wiederum auch Träume nicht verloren geben. Irgendwann ergibt sich die Möglichkeit dazu, diese zu realisieren. Wenngleich auch nicht in dem Umfange, wie erhofft. Dieser Epoche, und es ist eine neue Epoche, die hier eingeläutet wird, angemessen entgegensehen. Weder Furcht noch Abscheu davor in sich aufkommen lassen. Was wäre ein derartiger Aufwand ohne Blick auf die Zukunft auch schon wert. Setzen auf die Zuversicht dahingehend, das Erreichte sorgsam zu hüten und nach Möglichkeit weiter auszubauen. Denn ausbaufähig ist noch vieles.

In mühevoller Kleinarbeit Hemmnisse abbauen. Gegenseitiges Vertrauen zurückgewinnen; wo es nicht vorhanden war, anstreben. Die Oberen sollten von den Unteren lernen und umgekehrt.

Vorwiegend trifft dies auf das Teilen zu. Dem Niedrigsten die gleiche Beachtung entgegenbringen wie dem Höchsten. Wenn nötig, dem Unscheinbarsten das Beste abgewinnen. Wer weiß schon, was sich dahinter verbirgt. Wenngleich die Zeit der Entbehrungen noch lange in jedem nachklingt, dennoch in Geduld fassen, wenn es den Anschein hat, dass es nicht vorangehen will.

Hier wird Neuland betreten, und das in einem Umfang, wie es sich kaum einer vorzustellen vermag. Es geht auch nicht alleine darum, was sein muss, mehr um das, was sein kann. Die Norm, die gesetzt wird, kann nur lauten, was darf, was ist möglich. Der Verhältnismäßigkeit das zuteilwerden lassen, was ihm gebührt, damit niemand Gefahr läuft, dass nur wieder neue Zügel angelegt werden. Ist das eine kaum überwunden, könnte schon das Nächste folgen. Dem gilt es vorzubeugen.

Die Instrumente hierfür sind vorhanden. Es bedarf nur den richtigen Ton zu finden. Abschied nehmen von der Zeit, wo ein jeder ohnmächtig zusehen musste, welcher Reichtum an ihm vorbeifloss, ohne ihn daran teilhaben zu lassen. Was darüber hinaus niemand aus dem Blickfeld verlieren darf, erhebt sich erst einmal der Riese, steht das ganze Gefüge der Welt mit auf dem Spiel. Den Unverbesserlichen, die nicht nur in einzelnen Regionen zu finden sind, sie haben überall ihr Zuhause. Ruhig, aber bestimmt zu verstehen geben, es ist niemand mehr bereit, ihren Vorstellungen zu folgen. Eine Zeit des Schweigens geht ebenfalls mit dieser Epoche zu Ende.

Doch nun beginnt das, wovor jeder zwar keine Scheu, dennoch Beklommenheit zu empfinden glaubt. Fremd das Wie. Noch schwieriger kann es werden, den richtigen Einstieg zu finden. Was jetzt angetreten wird, ist nicht zu vergleichen mit einer Entdeckungsreise in fremde Gestade. Es soll doch niemandem mehr am

Wohlergehen mangeln. Viel an Überzeugungsarbeit wird hier noch geleistet werden müssen, um nicht von einem Extrem in das andere zu fallen. Den Bedürftigen die Hand reichen, ihnen das angedeihen lassen, was dem Fortschritt dienlich. Was der Eigenständigkeit förderlich. Wie sonst könnten sie in die Lage versetzt werden, die eigene Wirtschaft auf ein festes Fundament zu stellen? Ein Fundament, das einigen Erschütterungen auch standhält. Den Willen hierzu, der doch ausreichend zur Hand, stärken und nicht untergraben. Worauf könnten sie sonst ihr Vertrauen bauen, wenn nicht auf die Hinwendung zu ihnen?

Dass jedes Dasein, gleich in welcher Form, Schwachpunkte in sich trägt, ist hinreichend bekannt. Unterschiedlich verlaufen nur die Auswirkungen. Glücklich schätzen kann sich nur jener, der auf Vergleichbares zurückgreifen kann. Wem dies nicht zur Verfügung steht, bleibt gezwungen Verzicht üben zu müssen, bis es auch ihn erreicht. Dennoch sollten die Jahre des Enthaltens Vergangenheit bleiben. Obschon auch das Neue nicht sofort und schon gar nicht im gewünschten Maße zur Hand ist, doch die Aussicht, dass es so sein wird, macht so manches vergessen. Geschieht dies wohldosiert, hält sich auch das Begehren in Grenzen. Aber auch nur dann, wenn es allen gleichmäßig dargereicht wird. Anders könnte es leicht zu einem Vabanquespiel werden. Das wahrlich niemand mehr erneut durchleben will. Ihr Opfer war doch schon so groß genug. Wenn nicht schon zu groß. Ihnen noch mehr abzuverlangen, ist kaum noch möglich. Sie haben erbracht, was menschenmöglich war. Nun liegt es in der Hand anderer, einen gangbaren Weg zu finden. Falsche Propheten versuchen immer und überall Fuß zu fassen. Allen stünde es gut an, sich keiner Bevormundung zu bedienen.

Warten auf die Einladung, und dann dem beistehen, was erwünscht. Zuhören, behilflich sein. Begleitend die neuen Wege in Angriff nehmen. Reichtum und Macht, wer dies als eine Einheit betrachtet, hält nichts vom Teilen, oder ihm ist eine solche Zielsetzung nicht geläufig. Der Reichtum befindet sich im Lande. Diesen zu nutzen obliegt dem Volk. Daher darf es vom Ertrag niemals ausgeschlossen werden. Macht kann sich jeder selbst befehligen. Wird aber hierzu der Reichtum eines Landes mit herangezogen, um so die Macht zu festigen, darf sich niemand wundern, wenn es zeitlich begrenzt bleibt. Bis zu einem gewissen Grade hat jeder sein Schicksal selbst in der Hand. Wie er aber dann seine Möglichkeiten einsetzt, bedarf ausreichender Orientierung am Vergangenen. Phantasten nicht zum Zuge kommen lassen. Rückbesinnen auf das Eigene, selbst Machbares zur Anwendung bringen. Wer stets von Armut geprägt war, fordert nicht viel. Einen Umbruch auf der ganzen Linie zu erwarten, dieser Schritt sollte erst gar nicht in Erwägung gezogen werden. Eines solchen bedarf es auch nicht. Zu vieles, was ein jedes Land dieses mächtigen Kontinentes einmal auszeichnete, ging ohnehin schon verloren. Wozu unternimmt sonst doch jeder eine Reise, wenn nicht dazu, neue Eindrücke zu gewinnen. Gäbe es eine weltweite Angleichung, blieben nur noch Reste einer Vergangenheit, die an Schönheit und Reiz zu bestaunen lohnend gewesen wären, übrig. Nicht zu vergessen, ein Land samt aller Kulturen zu bewundern, ist mehr als nur lohnenswert. Auch hier darf nicht übersehen werden, der Himmel sieht zu.

Mögen Afrikas Feuer weiterhin in alle Welt hinausleuchten und ihren Schein verbreiten. Hinaustragen zum Zeichen seiner Existenz. Leuchten zum Stolz eines Volkes, ganz gleich wessen Ursprungs. Brennen zur Einladung Fremder: Ist dir kalt, so wärme dich hier. Nur wer die Hand, um zu geben, bereithält, erfährt Achtung und Ansehen aller.

ENDE